AF258387

UNION COLONIALE FRANÇAISE

PARIS — 56, rue de Provence — PARIS

LE SERVICE MILITAIRE

ET LA

MISE EN VALEUR

DES COLONIES FRANÇAISES

Pétition au Sénat
Et à la Chambre des Députés

PARIS

IMPRIMERIE PAUL D[...]

19, RUE DU CROISSANT, [...]

1896

LE SERVICE MILITAIRE

ET

LA MISE EN VALEUR DES COLONIES FRANÇAISES

PÉTITION AU SÉNAT ET A LA CHAMBRE DES DÉPUTÉS

Messieurs les Sénateurs,
Messieurs les Députés,

L'œuvre de reconstitution de notre empire colonial, entreprise il y a vingt ans à peine et poursuivie au prix des plus lourds sacrifices, est enfin arrivée à son terme, de l'aveu même des partisans les plus décidés de la politique d'expansion coloniale.

Depuis l'heureuse issue de l'expédition de Madagascar, l'ère de la conquête militaire peut être considérée désormais comme définitivement close.

Le pays peut donc aujourd'hui, en toute liberté d'esprit et sans crainte que des expéditions lointaines viennent le détourner de son but, se consacrer tout entier à la conquête économique qui a été la raison d'être et qui doit être le complément de la conquête militaire. Nous n'avons plus désormais à étendre notre domaine d'outre-mer, mais seulement à le consolider, à l'aménager et à l'exploiter.

Nécessité d'encourager le développement économique de nos Colonies

Ce domaine, avec ses 8.500.000 kilomètres carrés de superficie, ses 36 millions d'habitants, la richesse et la variété de ses ressources naturelles, offre un champ presque illimité à l'activité et à l'esprit d'entreprise de nos compatriotes, en même temps que des débouchés d'une énorme puissance de consommation aux produits de notre industrie. Mettre ces ressources naturelles en valeur, utiliser ces débouchés et par là même travailler à l'enrichissement commun des Colonies et de la Métropole, tel apparaît désormais l'unique objectif de notre politique coloniale, dont le programme peut se résumer dans cette formule : plus de soldats, des colons; plus de fusils, des capitaux ; plus d'expéditions militaires, des entreprises commerciales, industrielles et agricoles.

C'est à ce prix seulement que le pays recueillera le fruit de l'extraordinaire effort qu'il a accompli et des immenses sacrifices qu'il s'est imposés depuis vingt ans.

Le devoir des Pouvoirs Publics est donc tout tracé et leur rôle tout indiqué. Il consiste à encourager, à provoquer même l'établissement de nouveaux colons et la création de nouvelles entreprises dans nos Colonies ou, pour tout dire d'un mot, l'émigration des personnes et des capitaux vers nos possessions d'outre-mer.

La loi du 15 juillet 1889 est un obstacle à la mise en valeur de nos Colonies

Or, ce sont surtout les jeunes gens qui sont appelés à fournir le principal et le plus précieux élément d'ardeur et d'activité pour la mise en valeur de notre domaine colonial, et cela de deux manières : soit en allant s'établir définitivement dans les Colonies, soit en allant y chercher des notions commerciales qu'ils utiliseront, une fois revenus en France, pour développer les relations d'affaires de la Métropole avec ses possessions d'outre-mer.

C'est donc à faciliter l'émigration de la jeunesse française sous cette double forme, que doivent avant tout s'attacher les Pouvoirs Publics. Et tout d'abord, ils ont à se demander si le service militaire, tel qu'il est organisé par la loi du 15 juillet 1889, n'élève pas à l'encontre des vocations coloniales, qui pourraient se faire jour dans la jeunesse française, une barrière à peu près insurmontable.

Pour nous, notre conviction est faite.

Les relations que l'Union Coloniale entretient d'une part avec le monde des affaires, d'autre part avec le grand public, c'est-à-dire avec les deux éléments susceptibles de concourir à l'œuvre de la colonisation, le premier par ses capitaux, le second par le contingent d'émigrants qu'il peut fournir, lui ont permis de recueillir à cet égard un ensemble d'observations dont la valeur et l'autorité ne sauraient être contestées. Toutes tendent aux mêmes conclusions, à savoir que :

1º Les dispositions de la loi du 15 juillet 1889, relatives au service militaire, constituent un obstacle presque absolu aussi bien à l'émigration et à la création d'entreprises nouvelles dans nos possessions d'outre-mer qu'à l'extension des relations commerciales entre celle-ci et la Métropole ;

2º Que cette législation appelle une réforme urgente si les Pouvoirs Publics veulent que la mise en valeur de notre domaine colonial puisse être enfin sérieusement entreprise.

Ce sont ces observations que nous voudrions soumettre à votre examen ; c'est cette réforme que nous venons réclamer de votre sollicitude pour les intérêts coloniaux qui, au surplus, dans la circonstance, se confondent avec ceux de la Métropole.

Position de la question : deux aspects

La question est double : 1º Elle doit être envisagée d'abord par rapport aux jeunes gens qui vont s'établir définitivement aux Colonies ou qui y résident déjà. — C'est la question du service militaire dans les Colonies.

2º Elle doit être envisagée en second lieu par rapport aux jeunes gens appelés à voyager dans un but commercial, entre la France et les Colonies, ou bien entre les Colonies, ou bien enfin entre les Colonies et l'Etranger. — C'est la question plus générale de l'obligation universelle du service de trois ans.

1er aspect : Le service militaire dans les Colonies. — Historique

L'historique de la question du service militaire aux Colonies n'offre, au point de vue spécial où nous nous plaçons, qu'un intérêt rétrospectif. Ce qu'il convient d'en retenir, c'est qu'aucune des mesures prises à diverses époques pour faire participer les Français des Colonies aux charges militaires que supportent leurs compatriotes de la Métropole, n'a reçu d'application effective; et que, jusqu'en 1889, malgré les ordonnances de la Restauration astreignant les Colons à servir dans les milices locales, malgré le décret du 3 mai 1832 sur le recrutement de l'armée et l'institution de l'inscription maritime, malgré les décrets du 16 août 1856 soumettant de nouveau les Colonies aux règlements sur l'inscription maritime en vigueur en France, les Français résidant aux Colonies sont restés, en fait, exempts de tout service dans la Marine comme dans l'Armée.

Difficulté d'appliquer le service militaire aux Colons

Et on se l'explique sans peine. La question des contingents coloniaux soulève, en effet, dans l'application, des difficultés telles que, jusqu'en 1889, elles avaient paru insolubles; difficultés de tout ordre, provenant soit de l'embarras où l'on était d'assigner à ces contingents une destination qui ne constituât pour eux ni une faveur ni une rigueur injuste, soit du surcroît de dépenses qui doit résulter de leur incorporation dans l'armée métropolitaine ou dans l'armée coloniale. Le législateur de 1889 n'a pas cru devoir s'arrêter à ces difficultés. Mais elles subsistent encore, et la preuve, c'est qu'aucune disposition n'avait été prise jusqu'à ces derniers temps pour assurer le fonctionnement du service militaire aux Colonies, bien qu'il y eût été déclaré obligatoire depuis six ans, et que c'est tout récemment seulement que, sur l'insistance des représentants de la Réunion au parlement, le service militaire des contingents de cette Colonie, mais de cette Colonie seulement, a reçu un commencement d'organisation. Les jeunes gens de la Réunion astreints à passer trois ans sous les drapeaux feront leur service dans une Colonie voisine; ceux qui n'auront qu'un an à faire accompliront leur temps à la Réunion même.

Il ne nous appartient pas de nous prononcer sur le mérite de cette solution, non plus que sur la possibilité de l'étendre à toutes les Colonies placées sous le même régime que la Réunion, au point de vue militaire. La seule chose que nous ayons à rechercher, c'est si la loi de 1889 a tenu un compte suffisant des nécessités du développement économique de nos possessions d'outre-mer.

Principes qui ont inspiré la législation actuelle

Nous rendons d'ailleurs très volontiers hommage au sentiment élevé et généreux auquel les représentants de nos vieilles Colonies ont obéi en réclamant pour les enfants de ces Colonies le droit de servir la France comme leurs compatriotes de la Métropole; et nous ne songeons pas à nous étonner que ce sentiment ait trouvé un écho empressé dans un Parlement démocratique, auprès duquel les idées d'assimilation étaient en faveur, et pour qui le principe de l'égalité de tous les Français devant l'impôt du sang avait toute la valeur d'un dogme indiscutable.

Mais on peut se demander si le but n'a pas été dépassé, si ces idées d'assimilation n'ont pas reçu, dans cette circonstance, une application exagérée et intempestive, et si le principe du service obligatoire et égal pour tous, qui avait déjà fléchi en faveur d'intérêts supérieurs, ne pouvait pas, ne devait pas céder, cette fois encore, devant cet intérêt non moins pressant : la mise en valeur de notre domaine colonial.

La loi de 1889 et les amendements au Sénat et à la Chambre

Cette exception, M. Bardoux, au Sénat, MM. de Lamarzelle et de Lanjuinais, à la Chambre, l'ont réclamée avec insistance lors de la discussion de la loi. Mais la physionomie du débat auquel leurs amendements ont donné lieu et les arguments qui leur ont été opposés portent à croire que la question n'a pas été envisagée sous son véritable aspect, ni par leurs adversaires, ni par le Parlement. Peut-être eux-mêmes ne l'ont-ils pas posée avec les distinctions qu'elle comportait, si bien qu'on peut dire qu'elle a été résolue à côté. De là, la nécessité de la reprendre à nouveau.

Analyse de la loi de 1889

Ce sont les articles 81 et 82 de la loi du 15 juillet 1889 qui déterminent les règles applicables au service militaire dans les Colonies. (Voir le texte à la fin de la pétition.)

Aux termes de ces dispositions, les Colonies et possessions françaises sont divisées en trois catégories.

La première catégorie comprend : la GUADELOUPE, la GUYANE, la MARTINIQUE et la RÉUNION, qui sont placées sous le même régime que la Métropole et dont le contingent fait trois ans ou un an seulement, selon les distinctions établies en France.

La seconde catégorie comprend l'ALGÉRIE et les Colonies autres que celles énumérées ci-dessus et pourvues d'une garnison ou voisines d'une autre Colonie pourvue d'une garnison, dans un rayon fixé par un arrêté ministériel. Les jeunes gens résidant dans ces Etablissements *doivent faire une année* de service et sont envoyés ensuite dans la disponibilité.

Les mêmes règles sont applicables aux *Pays de Protectorat* où sont stationnées des troupes françaises. Il y a toutefois cette différence que, pour les jeunes gens qui y sont établis, la réduction de la durée du service à un an n'est pas de droit. Pour être admis à en bénéficier, il faut qu'ils la demandent, ce qui suppose que cette *faveur* peut leur être refusée.

Enfin, une troisième et dernière catégorie comprend les Colonies et Pays de Protectorat où il n'y a pas de troupes françaises stationnées, et dans lesquels les jeunes gens arrivés à l'âge du service militaire peuvent, sur l'avis conforme du Gouverneur ou du Résident, être dispensés de toute présence effective sous les drapeaux.

Il faut ajouter que les dispenses totales ou partielles dont il vient d'être parlé sont subordonnées à cette condition que la situation de l'intéressé ne subira aucun changement. Dans le cas contraire, il en perd le bénéfice. Si par exemple, il revient se fixer en France, il doit parfaire ses trois années de service. S'il passe d'une Colonie où il n'existe pas de corps de troupe dans une Colonie où il y en a un, ou bien si la Colonie qu'il habite vient à être pourvue d'une garnison, il doit faire son année de service, eût-il dépassé de deux, de trois et même de huit ans l'âge normal. Ses obligations militaires, au point de vue du service actif, ne prennent fin qu'après trente ans révolus.

Avantages faits aux Français émigrant en pays étranger, hors d'Europe

Pour achever de caractériser ce régime, il importe de rappeler qu'aux termes de l'article 50 de la même loi, les jeunes gens qui, *avant l'âge de dix-neuf ans révolus*, ont fixé leur résidence *à l'Étranger, hors d'Europe*, peuvent être, sur l'avis du Consul de France et, en fait, sont toujours dispensés du service militaire pendant toute la durée de leur séjour, moyennant qu'ils y résident jusqu'à trente ans. En outre, ils peuvent, pendant la durée de leur établissement à l'Étranger, venir séjourner en France, pourvu que la durée de *ces séjours n'excède pas trois mois*. Cette faveur est refusée par la loi, ou du moins *elle n'est pas expressément accordée* aux jeunes gens résidant dans les Colonies de la seconde catégorie, de telle sorte que, s'ils reviennent en France pour un séjour de courte durée, nécessité soit par un mariage, soit par leurs intérêts d'affaires ou de famille, soit enfin par l'état de leur santé (1), ils se voient exposés à subir, dans toute sa rigueur, la disposition de l'article 81 de la loi de 1889 qui les astreint à compléter leurs trois années de service, dans le cas de retour en France.

Une anomalie

Cette comparaison entre la situation privilégiée faite aux jeunes gens résidan à l'Étranger et les obligations imposées aux jeunes gens établis dans les Colonies ne serait pas complète si on n'y ajoutait un trait, à savoir que cette différence de traitement, toute à l'avantage des premiers et au détriment des seconds, constitue *le contre-pied* du régime antérieur à 1889. Avant cette époque, les jeunes gens qui allaient se fixer à l'Étranger restaient astreints à l'obligation du service militaire, tandis que ceux qui étaient établis ou qui allaient s'établir dans les Colonies en étaient exempts, ainsi que nous l'avons vu. En innovant dans un sens opposé, il semblerait que le législateur de 1889 eût eu pour but, contrairement à ce que commandaient la logique et l'intérêt bien entendu du pays, de favoriser l'émigration française vers les pays étrangers et de la détourner, au contraire, de nos Colonies. Ce serait là, on en conviendra, un dessein assez inattendu, de la part d'hommes qui se montraient tout dévoués à la politique d'expansion coloniale et dans un pays qui s'est imposé de si lourds sacrifices pour cette politique.

Raisons invoquées pour la justifier

Aussi, le Ministre de la Guerre, en 1889, s'expliquant sur cette anomalie, s'est-il efforcé de démontrer que, loin d'être voulue, elle était la conséquence forcée de l'impossibilité où l'on était de faire faire leur service aux jeunes gens résidant dans une Colonie pourvue d'une garnison ou voisine d'une Colonie où réside un corps de troupe. Et la preuve, ajoutait-il, c'est que nous sommes bien obligés également

---

(1) On sait que les Européens ne peuvent pas, sans courir de graves risques, supporter un séjour de plus de deux à trois ans dans la plupart de nos colonies. Cela est si vrai que les fonctionnaires coloniaux, sans parler des congés de convalescence qui peuvent leur être accordés en cas de besoin, ont droit, après ce laps de temps, à un congé de six mois en France. Il y a donc à la fois inhumanité et contradiction de la part de la loi à mettre les colons dans l'alternative de faire un séjour ininterrompu de dix ans dans les colonies, au risque de ruiner leur santé, ou de renoncer au bénéfice de la dispense conditionnelle de deux années de service. Cette faveur dans ces conditions, devient absolument illusoire.

de dispenser de la présence sous les drapeaux les jeunes gens établis dans une Colonie ou dans un Pays de Protectorat où il n'y a pas de troupes françaises stationnées.

Réfutation de ces arguments

Cette réponse ne nous paraît pas, quant à nous, absolument péremptoire.

Il est à remarquer tout d'abord que la dispense totale dont sont censés jouir un certain nombre de jeunes gens établis dans les Colonies est *purement illusoire*, pour l'excellente raison qu'il n'est pas une de nos Colonies ou Pays de Protectorat où il n'y ait un corps de troupe stationné. En existât-il une d'ailleurs, qu'il y aurait beaucoup de chances pour qu'elle fût située dans le voisinage d'une autre Colonie pourvue d'une garnison, et, dans ce cas, la dispense, on le sait, peut être supprimée.

Mais puisque l'unique raison du traitement de faveur fait aux jeunes gens fixés à l'Etranger est la prétendue impossibilité de leur faire faire leur service, on est bien obligé de reconnaître que cet argument est en contradiction avec les dispositions par lesquelles la loi de 1889 elle-même règle la situation militaire des jeunes gens résidant dans les pays étrangers européens ou dans nos Colonies. On exige du jeune homme établi à Odessa, par exemple, ou au nord de l'Ecosse, qu'il revienne faire son service. On ne voit pas bien en quoi il serait plus malaisé de le faire revenir du Caire s'il y était fixé. Et, s'il s'agit d'un jeune homme habitant la Guyane anglaise ou le Brésil, son éducation militaire présentera assurément moins de difficultés que celle du colon établi dans un coin perdu de la brousse au Tonkin, puisque pour le premier on a la ressource de la Guyane française ou des Antilles, tandis que le second a à faire, pour venir rejoindre son corps, un voyage long, pénible, coûteux, et souvent dangereux.

Véritable argument qui a décidé les législateurs de 1889 à voter l'article 50

La vérité, et il suffit de se reporter aux travaux préparatoires et à la discussion de l'article 50 de la loi pour s'en rendre compte, c'est qu'on a voulu, en favorisant l'établissement de nos nationaux dans les pays extra-européens, *assurer à notre commerce et à notre industrie* les moyens de conquérir des débouchés nouveaux et la possibilité de lutter sans désavantage contre la concurrence étrangère. On a pensé que les hommes de courage et d'initiative qui vont au loin faire connaître les produits de la mère patrie et contribuer au développement de la richesse et de l'influence nationales, rendaient au pays un service au moins égal à celui qu'ils auraient pu lui rendre en restant un ou trois ans sous les drapeaux, et que c'était le moins qu'on les exemptât de l'obligation du service actif en temps de paix.

L'exception en faveur des Français fixés à l'Étranger, hors d'Europe, est justifiée, mais à la condition qu'on l'étende aux Français qui émigrent dans nos Colonies

Ce n'est pas nous qui y contredirons, et loin de nous la pensée de demander qu'on revienne sur une disposition qui n'est de faveur et de privilège qu'en apparence et qui, en réalité, a été dictée par l'intérêt bien compris du pays. Mais le pays n'a pas un intérêt moindre à la mise en valeur de ses Colonies et à l'exploitation de leurs richesses naturelles qu'à l'extension de ses relations commerciales avec l'Etranger, et s'il était juste et nécessaire de faciliter, par certains avantages, la création de comptoirs dans les pays situés hors d'Europe, il n'était ni moins juste ni moins nécessaire d'assurer les mêmes avantages à ceux qui vout fonder des entreprises commerciales, agricoles ou industrielles dans nos possessions d'outre-mer.

Le régime d'exception établi en faveur des jeunes Français résidant à l'Etranger, hors d'Europe, appelait donc, comme corollaire indispensable, l'institution d'un régime identique pour leurs compatriotes des Colonies; et en refusant de les en faire bénéficier, le législateur de 1889 a, en fin de compte, institué une prime à l'émigration dans les pays étrangers. Telle n'a pu être son intention, et, très certainement, il aurait reculé devant cette conséquence de son vote, si dans sa hâte d'en finir avec une opposition qui visait le *caractère politique* de la loi, il n'avait pas formé le parti pris de repousser tous les amendements à cette loi, quels qu'ils fussent, si étrangers qu'ils pussent être à toute pensée politique.

Telle est bien, si nous ne nous trompons, l'unique raison du rejet par le Sénat et par la Chambre des amendements proposés par M. Bardoux d'une part, et par MM. de Lanjuinais et de Lamarzelle de l'autre. Mais aujourd'hui, les circonstances ne sont plus les mêmes. Le principe inscrit dans la loi de 1889 est désormais hors de toute atteinte, et les Chambres n'ont plus à craindre qu'en soulevant à nouveau devant elles la question du service militaire aux Colonies, on ait l'arrière-pensée de faire échec à ce principe.

La loi leur accorde déjà un régime de faveur, mais insuffisant

Nous ne leur demandons d'ailleurs que de faire un pas de plus dans l'application des règles exceptionnelles posées par la loi de 1889; car les auteurs de cette loi, en réduisant à un an la durée du service dans certaines Colonies, avaient par là même reconnu la nécessité et manifesté la volonté de faire leur part aux nécessités de la mise en valeur et du développement économique de nos Colonies.

L'ont-ils faite assez large, et l'encouragement qu'ils ont voulu et cru donner à la colonisation est-il suffisant? Toute la question est là.

Distinction à établir entre les Colonies

Disons tout d'abord que nous ne croyons pas qu'il soit nécessaire ni même qu'il convienne d'appliquer un régime uniforme à toutes nos possessions d'outre-mer, et qu'il est au moins un point sur lequel nous sommes d'accord avec les auteurs de la loi de 1889. Nous voulons parler de la distinction qu'elle établit entre nos vieilles Colonies et les autres.

Les vieilles Colonies

Nous comprenons très bien que des Colonies moralement assimilées déjà et qui tendent de plus à s'assimiler législativement et administrativement à la Métropole, réclament pour leurs enfants et qu'on donne à ceux-ci le droit de servir la France comme leurs compatriotes du continent. Il est possible que, dans l'application, cette légitime et généreuse ambition rencontre, comme nous l'avons vu, quelques difficultés pratiques. Mais en attendant qu'elles soient résolues, nous ne voyons aucun inconvénient à ce que le principe posé soit maintenu : l'intérêt de la colonisation, le seul que nous ayons en vue, n'est pas en jeu dans l'espéce puisqu'il s'agit de Colonies qui sont sorties de ce qu'on peut appeler la période de l'enfance et qui, parvenues à leur plein développement, possèdent une population suffisante pour pourvoir à toutes les nécessités de leur mise en valeur. Tel est le cas de la Guadeloupe, de la Martinique et de la Réunion, dans lesquelles la loi de 1889 a institué le service de trois ans.

Elle y ajoute la Guyane. Il y a là, à notre sens, une erreur, si l'on pose comme règle que le degré d'avancement et les besoins de la colonisation doivent être le critérium de la légitimité de l'assimilation à établir entre la Métropole et les Colonies au point de vue du service militaire. La Guyane est, en effet, une Colonie très peu peuplée ; le chiffre de la population d'origine européenne, notamment, y est infime. Il faut ajouter que ses ressources naturelles offrent à la colonisation un champ immense, à l'exploitation duquel nos compatriotes ne sauraient être trop encouragés. Toutes ces considérations doivent faire ranger la Guyane dans la catégorie la plus favorisée.

L'Algérie

Quant à l'Algérie, l'œuvre de la colonisation y est encore assurément bien éloignée de son terme, mais elle est déjà suffisamment avancée pour pouvoir se passer d'encouragements exceptionnels. D'ailleurs, l'Algérie est plutôt un prolongement de la France qu'une Colonie proprement dite. Qu'une guerre continentale vienne à éclater, elle y est engagée comme la Métropole elle-même. Il est juste, il est naturel qu'elle concoure à la défense commune, à laquelle le chiffre de sa population et sa proximité par rapport à la France d'Europe lui permettent d'apporter un appoint important et immédiat. Il faut dès lors que ses enfants soient préparés à remplir ce devoir. Le législateur de 1889 a fixé la durée de cette préparation à un an. Nous ne voyons rien à objecter à cette disposition qui nous paraît concilier dans une juste mesure les exigences de la défense nationale et les nécessités du développement économique de l'Algérie et qui, par la dispense de deux années de services sur trois, constitue un stimulant suffisant à l'émigration, en raison des avantages particuliers que ce pays offre aux émigrants sous le double rapport du climat et de la proximité.

Colonies en voie de formation

Mais à part l'Algérie, la Martinique, la Guadeloupe et la Réunion, toutes nos possessions d'outre-mer sont encore très éloignées de la période de plein développement ; et la plupart, même, ne sont pas encore sorties de la période de formation. Peu importe la date à laquelle elles sont entrées dans notre domaine colonial ; que ce soit d'hier seulement comme le Tonkin et la Tunisie, ou il y a cinquante ans comme la Nouvelle-Calédonie, ou même davantage comme le Sénégal. Ce qu'il faut voir, c'est si le degré d'avancement de la colonisation y est en rapport avec les ressources du pays, avec les sacrifices que la France s'est imposés et avec les bénéfices qu'elle s'en est proposés ; c'est si un afflux de nouveaux colons et de nouveaux capitaux ne leur est pas indispensable pour leur donner la vie et l'activité qui leur manque.

Lenteur de leur développement

Voici, par exemple, la Nouvelle-Calédonie, qui va fêter cette année le 50ᵉ anniversaire de sa réunion à la France. C'est à peine si, dans ce pays salubre et riche, le type par excellence de la Colonie de peuplement, l'élément colonisateur est représenté par 5.000 personnes.

Au Tonkin, après dix ans, il y a, en dehors de l'armée, 1.900 Français, y compris les fonctionnaires.

La Cochinchine, où nous sommes depuis plus de trente ans, en compte, il est vrai, 2.500, mais uniquement parce que les fonctionnaires français y sont plus nombreux.

Quant à l'Annam, le dernier recensement accuse une population civile de 42 Européens, en dehors des fonctionnaires.

Faut-il citer encore la Guyane avec ses 2.000 colons créoles ou colons européens qui ne sont même pas tous Français ?

Nous ne parlerons pas de nos établissements de la côte occidentale d'Afrique, dont le plus ancien et le plus important, le Sénégal, compte en tout 3.000 habitants français de race blanche, tant militaires que civils. Est-il étonnant que ces colonies languissent et que leur développement soit si peu en rapport avec les sacrifices qu'elles ont coûté et coûtent encore à la France ?

En revanche, nous voyons les colonies anglaises et hollandaises, placées au point de vue climatologique et sous le rapport des richesses naturelles dans des conditions identiques aux nôtres, recevoir chaque année un contingent considérable d'émigrants et, grâce à cet apport incessant de jeunes activités et de capitaux nouveaux, leur population augmenter, leurs sources de revenus s'accroître, l'exploitation de leurs richesses s'étendre, le chiffre de leurs affaires avec le dehors et notamment avec la Métropole s'élever.

C'est ainsi que l'Inde Britannique compte 34.000 colons ; les Indes Néerlandaises, 58.000 ; Singapoore, qui n'est qu'une ville sans territoire, plus de 2.000 ; Hong-Kong, rocher de quelques kilomètres carrés, plus de 5.500 ; la Guyane anglaise, 2.500 immigrants européens, sans compter les créoles de race blanche, etc., etc.

Nécessité d'un stimulant spécial pour activer l'émigration

Evidemment des facteurs nombreux concourent à cette supériorité du nombre des émigrants dans les Colonies étrangères, comparé au chiffre infime de l'émigration dans les nôtres. Mais si notre humeur casanière, notre crainte de l'inconnu, les facilités et les agréments d'existence dont nous jouissons en France, sont autant d'obstacles à l'établissement d'un grand courant d'émigration vers nos Colonies, c'est une raison de plus pour que nous nous attachions à vaincre ces obstacles en encourageant les bonnes volontés par des facilités particulières et en provoquant l'éveil de l'esprit d'initiative par l'appât d'avantages spéciaux. Parmi ces facilités, parmi ces avantages, il n'en est point qui nous paraisse devoir agir plus efficacement comme stimulant que l'exemption totale de toute charge militaire.

On peut nous objecter, il est vrai, que cet avantage existait antérieurement à 1889 et que le peuplement et le développement de nos Colonies n'en ont pas été pour cela plus rapides, à preuve les résultats que nous constations tout à l'heure.

Réveil de l'idée coloniale en France

Nous répondrons tout d'abord que ces résultats seraient sans doute plus médiocres encore si nos Colonies n'avaient pas joui de ce régime privilégié ; mais, surtout, que jusqu'à ces derniers temps l'idée coloniale et le goût des entreprises lointaines, si répandus autrefois dans notre pays, avaient subi une sorte d'éclipse et que ce n'est

guère que depuis quelques années que la faveur du public commence à leur revenir.
Il n'y a donc aucune contradiction à constater l'état de marasme où ont langui nos
Colonies jusqu'ici, bien que l'obligation du service militaire ne puisse en être rendue
responsable, et à signaler cependant cette obligation comme susceptible d'entraver
leur développement dans l'avenir, du moment que la situation a changé, par suite du
réveil des vocations coloniales chez nos compatriotes. Et dès lors, la seule question
qui se pose est celle de savoir si l'obligation du service militaire, même réduite à un
an, est ou n'est pas un obstacle à la réalisation de ces vocations, et par suite à la mise
en valeur de notre domaine d'outre-mer.

Pour nous, la réponse n'est pas douteuse, et non seulement pour nous, mais pour
tous les commerçants et industriels établis aux Colonies et pour ceux qui, établis en
France, sont en relations d'affaires avec elles, aussi bien que pour les fonctionnaires
coloniaux ou les futurs émigrants dont nous avons été à même de recueillir les confi-
dences, pour tous ceux, en un mot, à qui leur situation et leur expérience person-
nelles permettent d'avoir une opinion raisonnée sur les nécessités de la colonisation
et dont, en fin de compte, nous ne sommes ici que l'écho.

Situation faite au jeune homme qui veut aller s'établir aux Colonies

Que se passe-t-il, en effet ?

Voici un jeune homme arrivé à l'âge de dix-huit ans. Il a été le témoin des efforts et
des sacrifices faits par la France pour se constituer un empire colonial ; on lui a dit et
répété à satiété que ces efforts et ces sacrifices n'avaient qu'un but : ouvrir un champ
plus vaste à l'activité et à l'esprit d'entreprise de la race française ; créer des débouchés
nouveaux aux produits de l'industrie nationale ; offrir aux capitaux de la Métropole la
possibilité d'une rémunération plus large. Il a lu les discours où les orateurs du Gou-
vernement et ceux de l'opposition font assaut de sollicitude pour les entreprises
coloniales et se disputent, en quelque sorte, l'honneur de les encourager... en paroles.
Il s'est laissé prendre aux séductions et aux promesses de ce programme. Il est
d'ailleurs à l'âge des initiatives hardies et la perspective d'aller porter son activité au
loin exerce sur son esprit cette attirance du nouveau et de l'inconnu, toujours si puis-
sante sur la jeunesse. Et comme il est aussi à l'âge des généreuses ardeurs patriotiques,
l'idée de concourir à une grande œuvre d'intérêt national, de travailler à étendre le
domaine d'influence morale et à augmenter le patrimoine commun des richesses de
son pays vient ajouter un attrait de plus aux velléités aventureuses qui le sollicitent.
Il prend donc le parti d'aller, par exemple, au Tonkin, ou bien en Cochinchine, ou bien
encore au Gabon pour y faire du commerce, de l'industrie ou de l'agriculture.

Son plan est arrêté : ou bien il dispose par lui-même de capitaux suffisants, et il
fera un stage d'un an ou deux dans une entreprise déjà existante pour compléter son
éducation pratique et il s'établira ensuite à son propre compte : ou bien il n'a pour
toute fortune que son intelligence et son amour du travail, et il attendra un peu plus
longtemps comme employé qu'une circonstance heureuse, la bienveillance d'un patron
qui aura pu apprécier ses efforts et qui le prendra comme associé ou comme succes-
seur, la confiance des amis qu'il a laissés dans la Métropole et qui lui prêteront des
capitaux, ou bien l'accumulation des épargnes qu'il aura réalisées, lui permette de
devenir à son tour chef d'une maison de commerce, d'un établissement industriel ou
d'une exploitation agricole.

Mais du moins il croit pouvoir être sûr de n'avoir à compter qu'avec les difficultés propres de son entreprise ; et il suppose, il doit supposer que l'effort qu'il fait,
les risques auxquels il s'expose en s'expatriant sous des cieux parfois incléments,
le service qu'il rend à son pays en allant porter sur une terre française lointaine un

nouvel élément d'activité et de richesse, trouveront une juste compensation dans l'exemption de quelques-unes des charges auxquelles sont soumis ceux de nos compatriotes qui, plus timorés, ont préféré une existence moins agitée, plus facile et plus sûre en France, et notamment du service militaire, la plus lourde de toutes ces charges.

Aussi, croit-il remplir une vaine formalité et prendre une précaution inutile en allant au bureau de recrutement s'assurer que l'obligation du service militaire ne le suivra pas dans la Colonie où il projette d'aller s'établir. On peut juger de sa surprise et de sa déception quand il apprend qu'il aura un an de service à faire.

Sa surprise augmente encore quand, poussant ses investigations plus loin, il découvre, dans la loi même qui l'astreint à cette obligation, une disposition qui exempte de tout service les jeunes gens établis à l'Étranger.

Avantages qu'il a à ne pas émigrer ou à émigrer à l'Étranger

Ainsi, s'il compare la situation qui lui est faite à celle des jeunes gens de sa génération qui projettent d'aller se fixer à l'Étranger, il est amené à constater que tout l'avantage est pour ceux-ci, qui ne feront pas de service du tout, tandis qu'il aura, lui, une année à faire.

Et s'il la compare à celle des jeunes gens qui restent en France il est bien obligé de reconnaître qu'il est moins favorablement traité qu'un grand nombre d'entre eux, qui, comme lui, ne feront qu'une année de service, mais la feront chez eux, sans aucun risque, alors que lui accomplira son temps dans un pays d'une salubrité contestable et parfois même notoirement insalubre. Ainsi, toute la faveur que lui fait la loi consiste à lui imposer l'obligation de faire son service dans des conditions plus dures et plus dangereuses que s'il était resté en France. Il ne fait qu'un an, il est vrai; mais ce n'est point là, à proprement parler, un privilège, puisque certaines catégories de jeunes gens, en vertu de la loi, jouissent du même avantage, sans parler de ceux, beaucoup plus nombreux, auxquels l'heureux hasard d'un tirage au sort le confère également, et qui représentent le tiers du contingent environ. Encore faut-il ajouter que si la Colonie qu'il a choisie est la Guyane, cet avantage lui est retiré, puisque la durée du service qu'il aura à y faire est de trois ans.

Que fera-t-il alors? Il a le choix entre trois partis : ou bien

1° Persister dans son projet, ou

2° Y renoncer complètement et rester en France, ou enfin

3° Émigrer à l'Étranger, hors d'Europe (Argentine, Brésil, etc.).

Il n'est pas malaisé de deviner que, neuf fois sur dix, il s'arrêtera à un de ces deux derniers partis. Du moins, s'il reste en France, il ne courra aucun risque; et s'il émigre à l'Étranger, il ne fera aucun service, tandis que s'il s'obstine à vouloir s'établir dans une de nos Colonies, il lui faudra, au bout d'un an ou deux ans, abandonner son comptoir, son usine ou sa plantation pour s'astreindre aux fatigues et aux dangers de la vie militaire dans un pays souvent malsain et parfois incomplètement pacifié, sans avoir toujours la ressource de trouver un homme sûr auquel il puisse confier le soin de ses intérêts. Pendant ce temps-là, ses concurrents étrangers : allemands ou anglais, exempts de cette obligation, continueront à faire leurs affaires tranquillement et lui enlèveront sa clientèle.

Il a donc tout avantage à ne pas émigrer du tout, ou à émigrer à l'Étranger et à préférer par exemple le Canada à la Tunisie, l'Australie à la Nouvelle-Calédonie, la République Argentine au Tonkin, et la Guyane hollandaise à la Guyane française.

Il pourrait, il est vrai, ajourner la réalisation de ses projets et se décider à ne partir qu'après avoir satisfait à la loi militaire en France même. Mais il y a bien des chances pour que, s'il s'arrête à ce parti, sa vocation ne résiste pas à une attente de cinq à six ans. Pour qu'elle persistât, il faudrait le supposer doué d'une ténacité peu commune à cet âge et, dans tous les cas, il n'apporterait plus dans son entreprise cet élan, cet enthousiasme, cette verdeur d'énergie morale et physique qui sont l'apanage de la jeunesse et qui constituent pour l'émigrant une condition essentielle de réussite. Il faut ajouter que ce serait cinq ou six ans de moins qu'il aurait à consacrer à la réalisation de ses projets, dans des pays où le temps est mesuré à l'activité des Européens et où l'heure de la retraite forcée sonne beaucoup plus tôt qu'en France.

On voit que, de toutes façons, l'obligation du service militaire est un obstacle soit à l'émigration vers nos Colonies, soit à la réussite des entreprises que les émigrants peuvent y fonder.

2e aspect de la question : La question envisagée au point de vue de l'extension des relations d'affaires entre les Colonies et la Métropole

Mais ce n'est pas tout, et la question peut et doit être envisagée sous un autre aspect non moins intéressant, non seulement pour les Colonies, mais pour la Métropole elle-même.

Favoriser l'émigration des personnes, c'est bien ; mais cela ne suffit pas. Il faut aussi favoriser celle des capitaux, faciliter l'établissement de relations commerciales entre la Métropole et les Colonies, donner à nos industriels et à nos négociants restés en France le moyen de participer à l'exploitation des sources nouvelles de richesses créées aux Colonies par ceux de nos compatriotes qui s'y sont fixés à demeure.

Tout cela suppose des déplacements personnels répétés, un va-et-vient incessant entre la Métropole et les Colonies. Ici encore, le service militaire tel qu'il est organisé par la loi de 1889 se dresse comme un obstacle.

On a souvent fait à nos industriels le reproche de ne pas savoir se plier aux exigences des consommateurs indigènes et de prétendre imposer à ceux-ci, quand même, des produits fabriqués suivant le goût français.

On leur a reproché aussi, en même temps qu'à nos commerçants, de ne pas se préoccuper suffisamment de la connaissance des éléments de trafic et des conditions du commerce dans nos Colonies et de se désintéresser par apathie, par routine, par manque d'initiative, par défaut d'étude, de l'exploitation des sources de bénéfices qu'ils pourraient trouver soit dans la création de nouveaux comptoirs destinés à la vente des produits métropolitains, soit dans l'introduction en France de produits coloniaux qui y sont insuffisamment connus, soit simplement dans le développement de leurs relations avec les commerçants établis aux Colonies.

Tendance des commerçants et des industriels à étudier de plus près les ressources que leur offrent nos Colonies

Si ce reproche a pu être fondé en un temps, il est certain, pour tous ceux qui sont mêlés aux affaires coloniales ou qui les suivent de près, qu'il tend à l'être de moins en moins. Les commerçants et les industriels de la Métropole ont fini par comprendre qu'il y avait dans nos Colonies une clientèle à conquérir, et des produits susceptibles de faire en France et à l'Étranger l'objet d'un commerce rémunérateur ou d'appropriations industrielles lucratives; et, après s'être rendu compte que ces éléments d'activité et de richesse ne viendraient pas à eux tout seuls, ils se sont décidés à faire un effort et à sortir de leurs habitudes routinières pour aller les conquérir sur place.

Aussi, les envois dans les colonies d'agents commerciaux chargés d'aller y examiner les conditions d'installation de nouveaux comptoirs, y étudier les produits indigènes qui peuvent être fructueusement introduits en France, ou même seulement s'y initier, par un stage dans une maison de commerce, à la connaissance des usages commerciaux locaux, se sont-ils considérablement multipliés dans ces derniers temps.

Ces agents seraient plus nombreux encore, si notre loi sur le service militaire n'y faisait obstacle.

Obstacles qu'elle rencontre dans la législation actuelle

En effet, l'obligation de résider dans les colonies jusqu'à l'âge de trente ans pour pouvoir bénéficier de la dispense de deux années de service, comporte une durée beaucoup trop longue. Le jeune homme qui va aux Colonies faire un stage commercial n'a pas besoin de dix ans; trois ou quatre ans lui suffisent pour se mettre au courant de tout ce qu'il a intérêt à connaître; et s'il prolonge son séjour au delà de cette limite, c'est autant de temps et d'argent perdus et pour lui et pour la maison de commerce qui l'aura envoyé et pour qui le sacrifice dépasse dès lors les avantages qu'elle en attend. L'inconvénient est plus marqué encore s'il s'agit d'un jeune homme qui se propose soit de prendre la suite des affaires de son père, soit de s'établir à son compte comme commerçant ou industriel dans la Métropole ; car alors il est placé dans l'alternative, ou de séjourner dix ans dans les Colonies, ou de faire, à son retour en France, deux années de service supplémentaire, ce qui, dans l'un et l'autre cas, le met dans l'impossibilité d'entrer dans les affaires avant l'âge de trente ans.

Attendra-t-il, pour aller faire ce stage commercial aux Colonies, d'en avoir fini en France avec les obligations du service militaire actif ? Mais alors il laisse passer l'âge où il pourrait faire ce stage dans des conditions profitables pour lui et pour la maison qui l'emploie. D'ailleurs il est disposé à aller aux Colonies à vingt ans. Le sera-t-il encore à vingt-quatre ?

Il en est de même pour les jeunes gens qu'une maison de commerce peut avoir à faire circuler pour les besoins de ses affaires ou la surveillance de ses intérêts soit entre la Métropole et les Colonies, soit entre les Colonies, soit enfin entre les Colonies et l'Étranger. Ils n'éprouveront pas une gêne moindre, du fait de l'obligation de faire trois années de service et de les faire à vingt et un ans.

S'ils devaient en souffrir seuls, il n'y aurait pas à s'y arrêter : les convenances et les intérêts personnels doivent savoir se plier à ce qu'exige le bien de l'État. Mais ce qui est en cause ici, ce ne sont pas seulement des intérêts individuels, c'est encore et surtout le développement du commerce et de l'industrie, c'est l'accroissement de la fortune publique, c'est-a-dire un intérêt général d'un ordre supérieur, auquel doivent s'accommoder à leur tour les exigences de la loi.

Procédé par lequel on pourrait l'encourager

Il s'agit donc de trouver une solution qui concilie cet intérêt et ces exigences. Cette solution consisterait, suivant nous, à accorder aux jeunes gens dont nous parlons une dispense conditionnelle de deux ans de service. En d'autres termes, il s'agirait d'établir une équivalence entre, d'une part, les deux années de service dont ces jeunes gens seraient dispensés et, d'autre part, suivant les cas :

Ou bien : 1° un séjour minimum de trois ans dans les Colonies ;

Ou bien : 2° dix voyages (5 aller et 5 retour) répartis au moins sur trois ans, soit entre la Métropole et une ou plusieurs Colonies, soit entre deux ou plusieurs Colonies, soit enfin entre les Colonies et des pays étrangers extra-européens.

En outre, ces jeunes gens seraient autorisés à devancer l'appel et à faire leur année de service dès l'âge de 18 ans.

Il va sans dire que le bénéfice de ces facilités et de ces avantages devrait être entouré de garanties spéciales destinées à prévenir les abus et les fraudes. L'intéressé, quand il s'agirait d'un stage commercial, devrait faire la preuve, par des certificats émanant des autorités civiles et militaires de la ou des Colonies dans lesquelles il aurait résidé pendant les trois années de séjour auxquelles il est astreint, qu'il a réellement passé ce temps dans une maison de commerce ou dans un établissement industriel ou agricole.

Des justifications analogues, quant au nombre et au but commercial de leurs voyages, seraient exigées des jeunes gens pour qui la dispense de deux années de service est subordonnée à l'accomplissement de dix voyages, dans les conditions indiquées plus haut.

En outre, les uns et les autres devraient avoir complètement satisfait avant l'âge de vingt-six ans révolus aux conditions de la dispense, faute de quoi celle-ci tomberait, et ils auraient deux années complémentaires de service à faire.

Ainsi, deux solutions, répondant à deux situations différentes : 1° Pour les émigrants proprement dits, c'est-à-dire pour les jeunes gens établis définitivement aux Colonies autres que la Martinique, la Réunion, La Guadeloupe, dispense complète de la présence sous les drapeaux ;

2° Pour ceux dont l'intention est simplement de faire un stage commercial aux Colonies ou de voyager dans un but commercial, dispense conditionnelle de deux années de service et possibilité de devancer l'appel.

Réponse aux objections tirées : 1° De l'inefficacité des modifications proposées

Telles sont les modifications au régime actuel qui, suivant nous, s'imposent, si l'on veut sérieusement activer la mise en valeur de notre domaine d'outre-mer et arracher nos Colonies à leur état actuel de marasme. Nous ne prétendons pas d'ailleurs qu'elles produiront un résultat immédiat ; mais, la part faite des mœurs et des habitudes prises, il est certain que, si la loi peut quelque chose en matière de colonisation, c'est dans cet ordre d'idées, en supprimant les barrières qui entravent l'essor des activités et des capitaux vers et dans les Colonies.

2° De leur caractère de privilège

À ceux qui crieront au privilège, nous avons déjà répondu par avance, en montrant qu'il n'y a point là, à proprement parler, de privilège. Au surplus, s'il y en avait un, et qu'il fût démontré qu'il est nécessaire de l'instituer pour stimuler les bonnes volontés, ce n'est ni le mot ni la chose qui devraient arrêter les hommes soucieux du développement économique de nos Colonies.

C'est à coups de privilèges, c'est en multipliant les faveurs et les exemptions de charges que l'ancien régime est parvenu à constituer l'admirable empire colonial que nous avons achevé de perdre en 1815, et toute la question est de savoir si, après être parvenus à en conquérir un nouveau, nous entendons le laisser en jachères et sacrifier, une fois de plus, nos Colonies à un principe.

Au demeurant, il suffit de jeter un coup d'œil sur la loi de 1889 pour se convaincre que ce principe de l'égalité absolue de tous les citoyens devant la loi militaire est soumise à des exceptions si nombreuses qu'il n'est plus, en réalité, qu'une fiction.

Nous ne parlons pas seulement des jeunes gens dispensés à titre de soutiens de famille, ni de ceux qui sont renvoyés par anticipation dans leurs foyers en vertu de l'art. 39 de la loi, après un an de service, à la faveur du numéro qui leur est échu au tirage au sort. Mais en dehors de ceux-là, la loi ne prévoit pas moins de vingt-sept catégories de jeunes gens qu'elle dispense de deux années de service, dans l'intérêt soit du fonctionnement des Services Publics, soit du recrutement de certaines carrières libérales, soit de la haute culture intellectuelle ou artistique du pays, soit enfin de certaines industries.

Nous ne contestons la légitimité d'aucune de ces causes de dispense ; mais si elles ont paru suffisantes pour motiver une dérogation au principe de l'égalité devant la loi militaire, l'intérêt dont nous nous réclamons et qui n'est ni moins pressant, ni moins important, doit paraître, à son tour, suffisant pour justifier une exception nouvelle.

3° Des intérêts de la Défense nationale

Que peut-on nous objecter encore ?

L'intérêt, supérieur à tous les autres, de la Défense nationale ? Ce serait là, assurément, une considération faite pour nous arrêter, si elle était fondée. Mais il n'en est rien ; car, d'une part, nous laissons soumise à une année de service toute une catégorie des jeunes gens que nous avons en vue, et ceux-là pourront concourir à la défense du pays dans les mêmes conditions que les autres dispensés. Et, d'autre part, en ce qui concerne les jeunes gens fixés définitivement aux Colonies, il est évident que s'ils sont incorporés dans les corps de troupe des Colonies, ils ne seront d'aucune utilité au pays dans une guerre continentale, dont le sort sera décidé avant qu'ils aient pu rentrer en France, si on les y rappelle.

Et quant aux Colonies, que leur garnison soit augmentée ou non de quelques unités, il importe peu ; car il ne fait doute pour personne qu'au cas d'une guerre en Europe, elles suivront la fortune de la Métropole.

Tel a été leur sort dans le passé ; tel il serait infailliblement dans l'avenir. Et il en est de même pour les autres pays. On sait, en effet, que les Anglais, s'étant emparés des Colonies hollandaises pendant les guerres de l'Empire, n'ont pu les conserver et ont été obligés de les rendre après 1815 à la Hollande, malgré le prix qu'ils attachaient à ces possessions et malgré l'énorme supériorité des moyens d'action dont ils disposaient pour s'y maintenir par la force.

Aussi, pour beaucoup de bons esprits, la question s'est posée déjà de savoir s'il était nécessaire de continuer à maintenir, sauf quelques exceptions, dans nos Colonies, des troupes qui, d'ailleurs, ne peuvent pas être assez nombreuses pour les défendre sérieusement contre une agression ennemie, et dont l'entretien impose à la Métropole des charges considérables et sans compensation aucune.

On sait, en outre, par des expériences répétées, dont la plus récente est encore cruellement présente à tous les esprits, de quelle utilité peuvent être dans une guerre coloniale, les jeunes gens du contingent.

Et c'est alors que nous voyons tous les pays coloniaux faire appel à des troupes mercenaires composées d'hommes résistants et dans toute la force de l'âge pour défendre leurs possessions d'outre-mer, c'est à l'heure où de toutes parts surgissent, en vue de l'organisation de notre armée coloniale, des propositions qui ne se rencontrent que sur un point : à savoir la nécessité d'éliminer de cette organisation les éléments empruntés au contingent ; c'est alors que, négligeant les exemples qui nous viennent du dehors et les enseignements de notre propre expérience, nous mettant par surcroît en contradiction avec nous-mêmes, nous maintiendrions dans notre armée coloniale ceux de ces éléments qui se trouvent sur place et qui, évidemment, ne sont pour cela ni plus résistants ni mieux aguerris.

S'ils sont mauvais quand on les transporte de France aux Colonies pour y faire leur service militaire, ne seront-ils pas tout aussi mauvais si on les prend dans les Colonies mêmes ?

On peut du reste se rassurer ; dans le cas où nos Colonies seraient l'objet d'une agression extérieure, il n'est pas un seul de leurs habitants français qui hésiterait à venir volontairement prendre place dans les rangs de l'armée chargée de les défendre. Ce qui est inadmissible, parce que c'est à la fois illogique et injuste, c'est qu'en temps de paix on leur impose les fatigues et les dangers d'un service qu'on déclare meurtrier pour ceux de leurs compatriotes qui sont placés dans les mêmes conditions d'âge.

Mais, dira-t-on encore, en provoquant à l'émigration des jeunes gens qui sans cela seraient restés dans la Métropole, vous risquez de priver la défense nationale d'un appoint important. Il suffit, pour se rendre compte de ce qu'un pareil danger peut avoir de chimérique, de jeter un coup d'œil sur les statistiques de l'émigration dans notre pays. Celle de l'année 1893, la dernière dont les résultats soient connus, accuse un chiffre total de 5.586 émigrants pour l'Étranger. On n'a pas les chiffres de l'émigration pour les Colonies ; mais on sera certainement au-dessus de la vérité en évaluant à 500 le nombre des émigrants de cette catégorie.

On voit par là qu'un exode de la jeunesse française n'est pas à redouter et que le nombre des jeunes gens disposés à aller passer plusieurs années dans les Colonies n'est pas si considérable qu'on risque, en l'augmentant, d'affaiblir les ressources de la défense nationale. Le pays n'y perdrait donc rien, ou le peu qu'il y perdrait serait insignifiant en regard des immenses avantages qu'il y trouverait, dans le développement de l'esprit d'initiative de notre race et dans la création de nouveaux éléments d'activité et de richesse pour notre commerce.

Il y trouverait un autre profit, plus direct et plus immédiat :

Chaque année, la Métropole inscrit à son budget une somme de près de quatre-vingts millions pour l'administration et pour la défense de ses colonies, non compris la Tunisie et Madagascar. Tout le monde est d'accord pour s'élever contre l'énormité d'une pareille charge et pour demander que nos possessions d'outre-mer y contribuent dans une mesure de plus en plus large qui diminuera d'autant la participation de l'État dans leurs dépenses. Il y a plusieurs moyens d'obtenir ce résultat ; mais le seul véritablement efficace est celui qui consiste à augmenter les sources des revenus locaux en développant le commerce, l'industrie et l'agriculture locales. Chaque fois, en effet, qu'une entreprise nouvelle se fonde dans une colonie, c'est plusieurs centaines, plusieurs milliers de francs de recettes annuelles, de plus pour son budget, et, par suite des dépenses de moins pour celui de la Métropole.

C'est donc un véritable gain que l'État réalise en facilitant et en favorisant l'établissement de nouveaux colons dans les colonies.

A cet égard, l'exemple de l'Angleterre et des Pays-Bas est décisif. Les Colonies de ces deux pays ne leur coûtent rien. Pourquoi ? Parce que leurs richesses naturelles sont exploitées et que cette exploitation leur assure des revenus qui leur permettent de se suffire à elles-mêmes. Et pourquoi leurs richesses sont-elles exploitées ? Parce que l'Angleterre n'a pas le service obligatoire et que, par conséquent, les vocations coloniales peuvent s'y donner librement carrière, sans être entravées par rien ; parce que les Pays-Bas pratiquent le système du remplacement et que, par suite, le service militaire n'enlève que très peu d'éléments à la colonisation qui, d'ailleurs, n'en manque pas.

Des facilités analogues, introduites dans notre législation, nous assureront les mêmes avantages ; et c'est ainsi qu'en fournissant à ses colonies les moyens d'augmenter graduellement leurs recettes, l'État pourra réduire d'autant le chiffre des dépenses qu'il s'impose pour elles actuellement, et hâtera le moment où il pourra se dispenser de leur venir en aide et exiger que, comme les Colonies anglaises, elles se suffisent à elles-mêmes.

Nous formulons ci-après les dispositions nouvelles qu'il nous paraît désirable de substituer aux articles 81 et 82 de la loi du 15 juillet 1889. On remarquera qu'elles s'écartent sensiblement des amendements tendant au même but proposés en 1889 au Sénat et à la Chambre des Députés, amendements inspirés par le système des permis d'émigration à l'Étranger en vigueur en Allemagne et en Italie.

Il nous a paru qu'il y avait tout avantage à ne pas compliquer par les exigences du formalisme étroit et gênant qui caractérise ce système, l'usage des facilités que nous réclamons pour les jeunes gens destinés à devenir les instruments du développement économique de nos colonies.

Si on veut que ces facilités produisent tout leur effet utile, il faut qu'elles constituent un droit que les intéressés peuvent exercer librement, et non une faveur soumise au bon plaisir et à l'arbitraire administratif.

D'ailleurs, les garanties que l'État est en droit d'exiger pour prévenir les fraudes et les abus n'en seront point affaiblies pour cela. On pourra s'en convaincre par la lecture du texte que nous proposons en remplacement des articles 81 et 82 de la loi de 1889.

TEXTE ACTUEL	TEXTE PROPOSÉ
(Loi du 15 Juillet 1889)	
Art. 81. — Les dispositions de la présente loi sont applicables dans les colonies de la Guadeloupe, de la Martinique, de la Guyane et de la Réunion.	Art. 81. — Les dispositions de la présente loi sont applicables dans les colonies de la Guadeloupe, la Martinique, la Réunion.
Elles sont également applicables en Algérie et dans toutes les colonies non désignées au paragraphe précédent, mais sous les réserves suivantes :	Elles sont également applicables en Algérie, mais sous les réserves suivantes :
En dehors d'exceptions motivées, et dont il serait fait mention dans le compte rendu prévu par l'article 86 ci-après, les Français et naturalisés Français résidant en Algérie ou dans l'une des colonies autres que la Guadeloupe, la Martinique, la Guyane et la Réunion, sont incorporés dans les corps stationnés, soit en Algérie, soit aux colonies, et après une année de présence effective sous les drapeaux, envoyés dans la disponibilité s'ils ont satisfait aux conditions de conduite et d'instruction militaire déterminées par le ministre de la Guerre.	En dehors d'exceptions motivées et dont il serait fait mention dans le compte rendu prévu par l'article 86 ci-après, les Français et naturalisés Français résidant en Algérie sont incorporés dans les corps qui y sont stationnés et après un an de présence effective sous les drapeaux, envoyés dans la disponibilité s'ils ont satisfait aux conditions de conduite et d'instruction militaire déterminées par le ministre de la Guerre.
S'il ne trouve pas de corps stationné dans un rayon fixé par un arrêté ministériel, ces jeunes gens sont dispensés de la présence effective sous les drapeaux.	Tout Français établi dans les pays de Protectorat ou dans les colonies françaises autres que celles énumérées ci-dessus et s'y livrant à l'agriculture, à l'industrie ou au commerce, pourvu qu'il y ait fixé sa résidence avant l'âge de 21 ans révolus, est dispensé du service militaire dans l'armée
Dans le cas où cette situation se modifierait avant qu'ils aient atteint l'âge de 30 ans révolus, ils accompliraient une année de	

service dans le corps de troupe le plus voisin.

En cas de mobilisation générale, les hommes qui ont terminé leurs vingt années de service sont réincorporés avec la réserve de l'armée territoriale, sans cependant pouvoir être appelés à servir hors de l'Algérie et des Colonies.

Si un Français ou naturalisé Français, ayant bénéficié des dispositions du paragraphe 2 du présent article, transportait son établissement en France, avant l'âge de 30 ans accomplis, il devrait compléter, dans un des corps de la métropole, le temps de service dans l'armée active prescrit par l'article 37 de la présente loi, sans pouvoir toutefois être retenu sous les drapeaux au delà de l'âge de 30 ans.

Les Français ou naturalisés Français établis dans un pays de protectorat où seront stationnées des troupes françaises pourront être admis, sur leur demande, à bénéficier des dispositions qui précèdent.

ART. 82. — Les jeunes gens inscrits sur les listes de recrutement de la métropole, résidant dans une colonie ou un pays de Protectorat où il n'y aurait pas de troupes françaises stationnées, pourront, sur l'avis conforme du gouverneur, ou du résident, bénéficier des dispositions contenues dans l'article 50 ci-dessus.

La même disposition s'applique aux jeunes gens inscrits sur les listes de recrutement d'une colonie autre que celle où ils résident.

active. Il est également dispensé, sans condition d'âge, de tout service dans la réserve de l'armée active, dans l'armée territoriale et dans la réserve de l'armée territoriale.

Cette dispense s'applique aux ouvriers et employés des établissements agricoles, industriels et commerciaux de ces colonies et des pays de Protectorat.

La dispense cesse de plein droit 6 mois après que le dispensé a abandonné tout établissement agricole, industriel ou commercial dans les colonies ou pays de Protectorat où il s'est établi.

Dans ce dernier cas, si le dispensé est âgé de 30 ans, il est incorporé dans l'armée active et soumis, d'après son numéro de tirage au sort, à toutes les obligations à accomplir par les hommes de sa classe ; s'il est âgé de plus de 30 ans, il est soumis seulement aux obligations à accomplir par les hommes de sa classe.

Les Français qui voudront bénéficier des dispositions ci-dessus devront faire leur déclaration : 1° à leur départ de France, à la gendarmerie de leur résidence ; 2° dans le mois qui suivra leur arrivée dans la colonie ou le pays de Protectorat où ils se seront établis, à l'autorité militaire de cette colonie ou de ce pays de Protectorat.

Pendant la durée de son établissement dans les colonies ou pays de Protectorat, le dispensé ne pourra, jusqu'à ce qu'il ait atteint l'âge de 30 ans révolus, faire en France plus de trois séjours dont la durée ne devra pas excéder trois mois pour chacun d'eux.

A son départ de la colonie ou du pays de Protectorat et à son arrivée en France, de même qu'à son retour dans la colonie ou dans le pays de Protectorat, il devra renouveler les déclarations ci-dessus.

ART. 82. — Tout jeune homme désireux de faire un stage commercial ou industriel dans les colonies ou pays de Protectorat, ou de voyager dans un but commercial, soit entre la métropole et les colonies, soit entre les colonies, soit enfin, entre les colonies et les pays étrangers extra-européens quels qu'ils soient, sera, sur sa demande, dispensé conditionnellement de 2 années de service et autorisé à devancer l'appel. Par le fait même de sa demande, il sera réputé avoir renoncé au bénéfice du numéro qui lui sera échu par le tirage au sort.

Il devra, pour que la dispense ci-dessus lui soit définitivement acquise, avoir, avant l'âge de 26 ans révolus, soit passé 3 ans dans un établissement commercial ou industriel aux colonies ou dans un pays de Protectorat, soit employé trois années à faire au moins cinq des voyages spécifiés dans le paragraphe précédent, chacun de ces voyages comprenant l'aller et le retour.

Il sera tenu, avant son départ de France et à son arrivée dans la colonie ou le pays de Protectorat, de faire les déclarations prévues au paragraphe 8 de l'article 81 ci-dessus.

La justification de l'accomplissement de l'obligation alternative qui lui est imposée par le paragraphe 2 du présent article résultera de certificats émanant, suivant le cas, soit de l'autorité militaire des colonies ou pays de Protectorat où il aura résidé, et qui devront être visés par les gouverneurs ou les résidents supérieurs, soit de l'autorité consulaire française des pays étrangers qu'il aura visités.

Paris. — Imprimerie PAUL DUPONT, 19, rue du Croissant.